Martina Hinzmann

Ein Haus in
MONTEVIDEO

Das Handbuch mit vielen Häuser-Ideen & Sicherheits-Tipps

Vorwort

Die „Schweiz Südamerikas" wird Uruguay oft genannt. Doch eigentlich müsste es das „Europa Südamerikas" heißen. Denn nirgendwo sonst findet man in Südamerika die Einflüsse europäischer Siedler so ausgeprägt, anhand von Lebensstil und Baustil, wie in Uruguay.

Das vorliegende Buch ist ein gutes Beispiel hierfür. So finden Sie hier viele europäische Baustile, mit zahlreichen Häuser-Ideen und Sicherheits-Tipps, die Sie für Ihr eigenes Haus nutzen können.

Und vielleicht macht dieses Buch auch Lust, dass kleine Land am anderen Ende der Welt einmal persönlich kennenzulernen. Mit seinen liebenswerten Menschen, seiner endlosen Weite und unvorstellbaren Ruhe und Gelassenheit. Nicht zu vergessen, die kilometerlangen, einsamen Sandstrände. Allein hierfür lohnt es sich zu kommen.

Deshalb gibt es für mich hier nur noch eins hinzuzufügen: „Auf Wiedersehen in Uruguay!"

Dr. Peter Scheiber
Honorarkonsul der Republik Uruguay

Inhalt

Einleitung

Als der Filmklassiker „Das Haus in Montevideo", im Jahr 1951 zum ersten Mal Montevideo ins Bewusstsein brachte, war sicher nicht einmal der Hälfte der deutschen Bevölkerung klar, auf welchem Kontinent Montevideo überhaupt zu finden ist, geschweige denn, in welchem Land.

Seitdem ist es wieder ruhig geworden um Montevideo und nur alle vier Jahre – regelmäßig zur Fußball-Weltmeisterschaft – hört man beiläufig wieder von Uruguay. Ich vermute mal, dass es inzwischen auch nicht wirklich mehr geworden sind, die wissen, dass Montevideo die Hauptstadt von Uruguay ist und eingeklemmt am Rio de la Plata zwischen Brasilien und Argentinien liegt.

Dabei ist das Land gar nicht so unscheinbar und immerhin halb so groß wie Deutschland. Mit nur dreieinhalb Millionen Einwohnern führt es ein sehr beschauliches Leben. Immerhin die Hälfte der Uruguayos lebt in Montevideo.

Viel Platz also für Rinder, die es in Uruguay zuhauf und an allen „Ecken" des Campo, dem Landesinneren, gibt. Entsprechend ist hier nicht viel los, wie man selbst liebevoll über sein Land sagt. Dabei haben die vor allem europäischen Siedler hier ein Paradies geschaffen. Spanier und Italiener waren es vor allem, die es ab Mitte des 19. Jahrhunderts nach Uruguay zog. Und so ist sowohl der Lebensstil wie auch die Amtssprache Spanisch – gewürzt mit einer schönen Prise Italienisch.

Kein Wunder also, dass faktisch jeder europäische Baustil hier vertreten ist. Ein weiteres Kapitel ist der effektiven, südamerikanisch erprobten Hausabsicherung gewidmet.

In letzter Konsequenz finden Sie hieraus für Ihren Hausbau und Ihre Hausabsicherung unendlich viele Ideen der individuellen Gestaltung und Absicherung.

Impressionen aus Montevideo

Die 22 Kilometer lange Rambla mit ihrem breiten Sandstrand ist die heimliche Seele Montevideos, an der man sich trifft, Rad fährt, badet und Mate-Tee trinkt. Das Nationalgetränk aller Uruguayos.

Wie in Kuba noch heute, so war auch Uruguay bis vor kurzem ein gut gepflegtes „Museum" alter Autos. Seit kurzem werden sie durch Neuwagen, vor allem chinesische Autos, abgelöst. Ob die auch so lange halten werden? Abwarten und eins der wohl zartesten Steaks essen, die man je bekommen wird. Denn von Steaks verstehen die Uruguayos etwas. Immerhin ist es weltweit das Land mit der höchsten Anzahl an Rindern pro Einwohner.

Na dann, guten Appetit & buenos dias in Montevideo!

Stadthäuser

Stadthäuser folgen in Montevideo wie in allen Metropolen, der Größe des Grundstücks. Montevideo hat in etwa so viele Einwohner wie München, ist aber fast doppelt so groß. Entsprechend ist hier das Wohnen in Reihen- und Einfamilienhäusern quer durch das gesamte Stadtgebiet üblich. Und da die Sonne in Montevideo faktisch über das gesamte Jahr scheint, findet fast alles draußen statt. Hat man einen Garten, umso besser. Hat man ihn nicht, wird der Garten eben auf das Dach „verlegt" und der Grill hier oben angeheizt. Die Aussicht ist dann sogar noch etwas besser.

Typisch für Stadthäuser in Montevideo sind elegante und dennoch preiswert gestaltete Mauern, deren Gestaltung sich am Haus wiederfindet und so eine harmonische Einheit bildet. Viele weitere praktische Ideen aus der von Europäern geprägten Stadt, finden Sie auf den folgenden Seiten.

Spiegelbild verschiedener Baueinflüsse

Die Steinelemente der Gartenmauer werden im Erdgeschoss wieder aufgenommen und geben dem Haus einen urigen Stil. Die grünen Balken im Obergeschoss und an der Dachunterseite (!) vermitteln den Eindruck eines traditionellen Fachwerkhauses – ohne dabei die Nachteile eines Holzständerbaus in Kauf zu nehmen!

Stadthäuser

Mehr als einen Blick wert: Die horizontal dreigeteilte Gartenmauer. Farbiger Steinrand unten, weißer fließender Übergang darüber und abschließend eine immergrüne Hecke. Wunderschön. Auch das Haus verströmt viel Individualität.

Spiegelbild verschiedener Baueinflüsse

Auch hier wurde eine Gartenmauergestaltung gewählt, in der die Steine eine tragende (in diesem Fall, eine schwebende) Rolle spielen. Die Anordnung der Steine ist luftiger und die Steine in der Mauer scheinen zu schweben. Statt Liguster wurde für die Gartenmauer eine im gleichen Farbton gewählte Blütenhecke verwendet.

Stadthäuser

Einmal alles, bitte! Mehrere Türmchen und eine beeindruckende Mosaikkuppel. Dazu ein Haus der Extraklasse und eine Gartenmauer, die an Prägnanz kaum zu übertreffen ist. Die Gartenmaueroptik wird am Haus bis hoch zum Schornstein integriert.

Spiegelbild verschiedener Baueinflüsse

Klassisch und dezent bis in die Gartenmauer durchgestylt. Der weiße Rauputz der Gartenmauer wird auf das Haus ebenso übertragen, wie der dezent glattgezogene Streifen, der sich als Fensterrahmen wiederfindet und dem Haus einen eleganten Touch gibt. Der schwarze Ton des Gartentores und des Zaunes findet sich dezent an der Balkonbrüstung wieder und lässt das Haus damit luftig erscheinen.

Stadthäuser

Wirkungsvoll in Szene gesetzt: Bezaubernde Naturstein-Villa mit rustikaler Gartenmauergestaltung, die lebhaft an den Säulen des Erdgeschosses übertragen wurde.

Spiegelbild verschiedener Baueinflüsse

Ebenso urig! Die bauchigen Säulen finden sich an allen Dachvorsprüngen wieder. Die strukturstarken Steinmauern an den Ecken lassen das Haus schwer und massiv wirken.

Stadthäuser

Vom Zaun über die Hausmauer bis hin zum Schornstein – ein Ziegeltyp. Als Kontrast wird das Vordach im Eingangsbereich genutzt, das durch die dunklen Dachziegel hervorgehoben wird und dem gesamten Haus Charakter gibt. Gelungen! Auch die Fenstergitter und die Jalousien sind stilvollendet weiß.

Spiegelbild verschiedener Baueinflüsse

Gediegene, einheitliche Ziegel-Optik: Vom Zaun über das Mauerwerk bis zum Schornstein. Nur eben nicht mit einem Ziegeltyp, sondern mit einer helldunklen Ziegelkombination, die baulich einen höheren Anspruch hat.

Stadthäuser

Mit viel Liebe zum Detail: Stilgebende rote Ziegelelemente an den Häuserecken, die sich auch an den Ecken der Zaunsäulen dezent wiederfinden und harmonisch zum Rot der Dachziegel passen.

Spiegelbild verschiedener Baueinflüsse

Als sei das Haus einem Märchen entsprungen: Mit seinen Türmchen, Säulen und Balkonen verströmt es den Charme einer ganz anderen Welt. Dank roter Ziegelelemente am Haus kommt der Balkon mit seinen Säulen erst richtig zur Geltung. Sehr aufwendig und mit viel Liebe zum Detail gestaltet.

Stadthäuser

Der imposante Steinbogen in der Gartenmauer erinnert an den römischen Brückenbau. Der braune Farbton der Gartenmaueraufsätze findet sich als Balkenfarbe am Haus wieder. Der beliebte Sandton findet auch hier seine harmonische Anwendung.

Spiegelbild verschiedener Baueinflüsse

Aufsatzoptik in Vollendung: Aufsätze an den Säulen der Gartenmauer und den Balkonsäulen. Dazu passend: Tür-, Fenster- und Dachumrandung. Letztendlich komplett wird es durch die Aufsätze an den Schornsteinen.

Stadthäuser

Sehr prägnant. Sehr charmant. Sehr aufwendig. Die gesamte Hauswand wurde kunstvoll abgesetzt und schwingt elegant über die abgerundete Tür.

Spiegelbild verschiedener Baueinflüsse

Alles auf Kante: Das Türumfeld stellt auch hier den Blickfang dar. Die abgesetzten Kanten auf der Gartenmauer finden sich schwungvoll über der Tür wieder und ziehen sich dann über die gesamte Hauswand. Deutlich abgesetzt sind ebenfalls die Fensterrahmen im ersten Stock.

Stadthäuser

Turmbauten haben in Montevideo eine lange Tradition und sind an vielen Häusern zu finden.

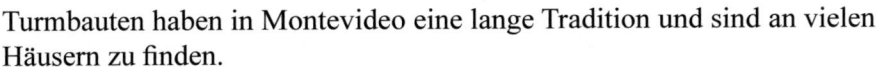

Spiegelbild verschiedener Baueinflüsse

Welche Historie die Türmchen haben, weiß wohl nur Rapunzel …

Stadthäuser

Wie eine Fata Morgana in einer Betonwüste wirken die beiden Häuser.

Drei Etagen, drei Fensterformate. Harmonisch umgesetzt mit Türmchen - verströmt es mit seinem zarten Rosa karibisches Flair.

Ebenso prägnant und mit viel Liebe zum Detail würde das nebenstehende Haus entworfen. Im Sandton und mit Terrakotta-Ziegeln wirkt es mit seinen Terrakotta-Elementen fast wie ein Haus aus Tausend und einer Nacht.

Spiegelbild verschiedener Baueinflüsse

Türmchen als prägender Baustil. Elegant umgesetzt.

Stadthäuser

„Klein", geht in Montevideo in allen Größen. Jedoch immer mit einem individuellen Touch. Der auffällige und dennoch preiswerte Aufsatz gibt dem Haus Eigenständigkeit. Die dunkelbraunen Rahmen im gleichen Farbton an Türen, Fenstern und Hauskanten unterstreichen dezent die elegante Note.

Spiegelbild verschiedener Baueinflüsse

Steht noch weniger Platz zur Verfügung, wird einfach übereinander gebaut und schon hat man ein noch kleineres Grundstück ebenso optimal genutzt. Und der Grillplatz? Kommt ebenso platzsparend über den Eingang mit „eingebautem" Garagenplatz darunter – fertig. Praktisch gedacht, wunderschön umgesetzt. Montevideo weiß, Platz auf charmante Weise zu nutzen. Auch hier werden die Türen und Fensterrahmen im gleichen Farbton dunkel abgesetzt.

Stadthäuser

„Immer der Sonne entgegen", könnte hier die Baugrundlage gewesen sein. Und von der Sonne hat man hier über das ganze Jahr etwas. Im Allgemeinen liegt die Temperatur in Montevideo zwischen 15 und 35 Grad. Na dann!

Spiegelbild verschiedener Baueinflüsse

Kein Wunder, dass man dann um die Ecke baut und auf dem Dach grillt, Freunde trifft, chillt und Spaß hat. Das Leben kann so schön sein!

Stadthäuser

Bilderbuch-Herrenhaus mit repräsentativer Kieselstein-Einfahrt. Wie Farbtupfer wirken die grünen Fensterläden und Dachbalken in dem parkähnlichen Garten, die dem Anwesen damit eine imposante und gediegene Aura geben.

Spiegelbild verschiedener Baueinflüsse

Ich weiß zwar nicht, ob dies einmal „Das Haus in Montevideo" aus dem Film-Klassiker von Curt Goetz war. Auf jeden Fall hat es viele großartige Stilelemente aus Montevideo in sich vereint: Vom Türmchen über den Holzständerbau bis hin zur liebevollen Steinverzierung im Erdgeschoss. Und es hat wohl auch so viel Geschichte in sich, dass man am liebsten sofort ans Werk gehen und das Haus wieder zum Leben erwecken möchte.

Wenn Sie jetzt Lust bekommen haben, nach Montevideo zu reisen, dann tun Sie es – auch, wenn Sie kein Haus geerbt haben wie im vielzitierten Film-Klassiker „Das Haus in Montevideo"!

Landhäuser

Landhäuser verkörpern per se den Traum vom Haus am meisten. Sie sind der Inbegriff des schönen Wohnens. Große Gärten, große Häuser. Genau das findet man vor allem in Carrasco, dem nobelsten Stadtteil von Montevideo. Hier riecht, hört und schmeckt man schon das angrenzende Meer. Lassen Sie uns also eintauchen in diesen und in die vielen anderen schönen Stadtteile Montevideos, mit ihren sehr eleganten Ideen, die Sie auch am eigenen Haus preiswert umsetzen können.

Ideen aus den vornehmsten Stadtteilen

Was in Montevideo gängige Baupraxis ist, findet man in Deutschland faktisch nicht: Stilelemente aus der Gartenmauer werden, wie hier, auf das Mauerwerk und den Schornstein übertragen.

Landhäuser

Der breite Schornstein als markantes Stilelement im rustikalen Ziegelmuster. Dieser Art der Hausgestaltung bin ich noch öfters und in sehr kreativen Formen in Montevideo begegnet.

Ideen aus den vornehmsten Stadtteilen

Eine sehr gelungene Trennung der Doppelhaushälften, die sofort den Wunsch nach einem Doppelhaus weckt. Alle anderen architektonischen Elemente wurden reduziert. Typisch Montevideo: Ein Ziegelbau mit weißer Dachumrandung genügt, um den Schornstein als Stilelement wirken zu lassen.

Landhäuser

Schornstein als einziges, aber umso prägenderes Design-Element, das sich im gleichen Stil als Säule im Eingangsbereich wiederfindet. Einfach schön! Und schön einfach in der Umsetzung! Auch nachträglich mit angesetzten Ziegelelementen stilsicher an der Häuserwand nachzubauen.

Ideen aus den vornehmsten Stadtteilen

Während Schornsteine in Deutschland nur dem Zweck folgen, haben sie in Montevideo eine lange Tradition in der Hausgestaltung. Hier wurde der individuellen Gestaltung im wahrsten Sinne freien Lauf gelassen: Man hat das Gefühl, in ein Gesicht zu sehen, mit Fenstern, die wie Augen wirken.

Landhäuser

Typisch deutsch – mitten in Montevideo. Nur nicht das Auto. Auch hier ist der Schornstein das prägende Element, das durch seine Verlängerung im wahrsten Sinne heraussticht!

Ideen aus den vornehmsten Stadtteilen

Wie siamesische Zwillinge stehen diese Häuser Wand an Wand, nur getrennt von einer dichten, prächtigen Blütenhecke. Effizienter Hausbau „Made in Montevideo".

Landhäuser

Größe ist manchmal eben doch alles! Wie Zinnsoldaten stehen die beiden imposanten Buchsbäume am Gartentor und geben Einlass. Allein durch ihre schiere Größe wirkt das Anwesen beeindruckend. Dazu passend: Die üppig umrandete, mannshohe Gartenhecke um das gesamte Grundstück.

Ideen aus den vornehmsten Stadtteilen

Vende = Kaufen! Ja, wenn ich könnte!

Landhäuser

Der perfekte Abschied vom Stress: Der helle Ziegelton und die typisch rötliche Kernbuche für Türen und Fensterrahmen lassen das Haus freundlich und fami-liär wirken. Zudem wird hierdurch eine gelungene Verbindung zum hellroten Dach-Ziegel hergestellt.

Ideen aus den vornehmsten Stadtteilen

Fürstlich: Der Balkon rings um das gesamte Haus verleiht dem Gebäude Großzügigkeit. Mit den schönen Säulenbogen darunter ergibt sich eine hausum-schließende Arkade, wie man sie sonst nur von Schlössern kennt.

Landhäuser

Denver oder Dallas? Montevideo! Dem Original gleich, steht auch stilecht die Landesfahne im Garten.

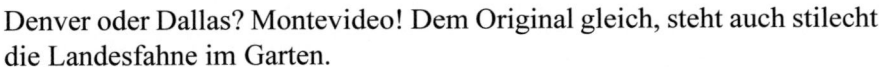

Ideen aus den vornehmsten Stadtteilen

Die oberen Zehntausend wohnen in Montevideo nicht hinter Hecken, sondern hinter Palmen …

Landhäuser

„Grün, grün, grün sind alle meine …", ob hier jemand dieses alte Kinderlied kennt? Grüne Fensterrahmen, grüne Fensterläden, grüne Holzbalken und immergrüne Palmen – und die Idylle ist perfekt.

Ideen aus den vornehmsten Stadtteilen

Ein wenig Südstaaten-Flair. Ab einer gewissen Größe wird der Eingangsbereich auch nicht mehr als Garage und Grillplatz doppelt und dreifach genutzt.

Landhäuser

Dach mit imposantem Ziegeldesign. Durch die abwechselnde Hell-Dunkel-Ziegel-Optik wirkt es sehr gediegen. Die glasierte, glänzende Lackschicht der Ziegel tut ihr übriges.

Ideen aus den vornehmsten Stadtteilen

Einmal Glück tanken, bitte! Was wird man hier wohl schöner erleben? Den Sonnenaufgang oder den Sonnenuntergang? Hier stimmt einfach alles! Das rot-weiß karierte Ziegeldach gibt dem Haus eine erfrischende Leichtigkeit.

Landhäuser

100 Tage Regen im Jahr – gleichmäßig über das Jahr verteilt – in Kombination mit dem vorherrschenden gemäßigten Klima, lassen hier auch Bananen üppig im Vorgarten wachsen.

Ideen aus den vornehmsten Stadtteilen

Ein Haus, vier Makler – und manchmal auch mehr. Wenn mal ein Haus in Carrasco, dem nobelsten Stadtteil von Montevideo, zum Verkauf steht, stehen zuerst die Makler Schlange. Dann die Käufer. Die Provision ist fürstlich. Der Kaufpreis auch.

Bauhaus

Bauhaus verfolgt seit Anfang an einen ganz klaren, zweckmäßigen Stil, der den Geldbeutel schont und den Traum vom eigenen Haus am ehesten erfüllen lässt. Diese Erkenntnis hat sich auch mehr als 11.000 Kilometer fern von Weimar, der Geburtsstätte des Bauhaus-Stils, den einst Walter Gropius begründete, herumgesprochen. Da das Geld auch hier nicht auf der Straße liegt, haben die europäischen Einwanderer, allen voran Spanier und Italiener, zur Aufwertung, Individualisierung und zur praktischen Lösungsfindung, viele Ideen in den Bauhaus-Stil einfließen lassen. So werden mit auffälligen Tür- und Fensterrahmen, eleganten Säulen und markanten Dachaufbauten stilsicher Akzente gesetzt. Einige hiervon stelle ich Ihnen auf den nächsten Seiten vor.

Der am häufigsten verwendete Baustil

Der triste graue Putz wird mit den Ziegelelementen pfiffig unterbrochen und wirkt dadurch mit einem Schlag klassisch modern. Der warme Ton des Holz-Gartentores wird in Kontrast zu den luftig offenen Zaunstreben gestellt und lässt die Grundstücksabgrenzung wieder leicht wirken.

Hier wird stilsicher ein moderner Baustil mit traditionellen Elementen gemischt. Besser geht's nicht!

Bauhaus

Bauhaus mal ganz anders: Mit avantgardistischer Schwammoptik und Obergeschossvorsprung. Regenfreie Terrasse inbegriffen.

Der am häufigsten verwendete Baustil

Andersherum geht es natürlich auch: Statt einem baulichen Überhang im ersten Stock, hat man das Obergeschoss verjüngt und dadurch eine riesige Terrasse geschaffen.

Bauhaus

Durch die komplette Ziegelwand und die Holzverkleidung des Balkons wirkt der Bauhaus-Stil hochwertig, warm und zeitlos.

Der am häufigsten verwendete Baustil

Quadratisch! Praktisch! Gelungen! Lässt man seiner Fantasie hier weiteren Spielraum, könnte das Spitzdach auch aus Glas sein und einen lichtdurchfluteten Pavillon in der Mitte des Hauses schaffen. Angrenzende Gebäude liefern Raum für Schlaf- und Wirtschaftsräume.

Bauhaus

Bauhaus geschickt und preiswert aufgepeppt durch Zierbrüstungen an Balkon und Dach. Auch hier werden die Tür- und Fensterrahmen im gleichen Farbton dunkel abgesetzt.

Das Dach dient in der Stadt aus Platzmangel zumeist auch als „Grillplatz".

Der am häufigsten verwendete Baustil

Haus und Gartenmauer bilden sowohl in der Materialauswahl, als auch in der Farbgestaltung eine Einheit. Die Aufsätze über den Fenstern und die häufig verwendete Dachbrüstung verleihen dem Ganzen einen luxuriösen Touch.

Clever und auf den ersten Blick nicht sofort zu erkennen: Balkone und Loggias werden in Montevideo ganz gezielt als Autounterstellplatz und regenfreier Eingangsbereich in einem genutzt. Was ich am Anfang in dieser Kombination eher für einen Zufall hielt, stellte sich als gängige Praxis heraus.

Bauhaus

Auch hier haben die Hausbesitzer dem Bauhaus, aus dem beschaulichen Dessau im fernen Sachsen-Anhalt, mehr abgewonnen und einen mexikanischen Akzent einfließen lassen. Der Balkon ist schlicht, die Fensterbögen und das extravagante Dach geben dem Haus seinen individuellen Charakter.

Der am häufigsten verwendete Baustil

Bauhaus in Farbe: Statt des typischen Bauhaus-Weiß wurde ein erdiger Farbton verwendet, der das Haus ganz anders auf den Betrachter wirken lässt. Ein Hauch vom 1.000 Jahre alten Indianerdorf „Taos Pueblo" schwingt mit.

Bauhaus

Eigentlich nur ein Bauhaus, aber mit dem hierzulande typisch spanischen Ziegelflachdach wird es ein Lebensgefühl. Praktisch: Die Toreinfahrt dient auch als Eingang.

Der am häufigsten verwendete Baustil

Auch hier findet man den spanischen Stil – auf reduzierte Weise – am Bauhaus. Mit nur zwei Ziegelreihen, als angedeutetes Dach, wird der schlichte Bauhaus-Stil preiswert und dennoch charaktervoll aufgewertet. Urlaubsfeeling inbegriffen.

Bauhaus

Es geht noch reduzierter und dennoch nicht weniger wirkungsvoll: Durch das nachträglich montierte zweireihige Vordach über den Fenstern – als Blickfang und praktischer Sonnenschutz.

Der am häufigsten verwendete Baustil

Reduziert man den Bauhaus-Stil jedoch auf das, was er einmal war, kann man sich neu verlieben. Klare Linien ohne jeden Schnörkel. War der Bauhaus-Stil vor rund 100 Jahren noch eine Art „Notlösung" gegenüber der damals üblichen, aufwendigen Hausverzierung, so steht er heute mehr denn je für eine moderne Architektur.

Bauhaus

Doppelte Fensterumrandung, die wohl günstigste Version der Bauhaus-Aufwertung. Wer das Dach nicht zum begehbaren Grillplatz umfunktioniert, der entscheidet sich zumeist für ein spanisches Ziegelflachdach.

Der am häufigsten verwendete Baustil

Durch die Fensterumrandung in Kombination mit dem Dach- und den Torsäulen-Aufsätzen wurde der schlichte Bauhaus-Stil stilsicher und preiswert aufgewertet. Der zusätzliche Sandton strahlt Behaglichkeit aus.

Bauhaus

Der schlichte Bauhaus-Stil wird durch ein im Haus integriertes Vordach und einen geschwungenen Eingangsbereich individuell aufgewertet. Der dunkle Rahmen an den Fenstern und im Türbereich gibt den letzten eleganten Schliff.

Der am häufigsten verwendete Baustil

Das gleiche Prinzip, nur platzsparend, da das regensichere Vordach nicht im Haus integriert ist. Das angesetzte Holzdach und die darüber gestellte Fassade, sind eine preiswerte und individuelle Alternative, die auch nachträglich am bestehenden Haus durchgeführt werden kann.

Der rote Ziegellook findet sich, wie in Montevideo stilsicher üblich, in der Gartenmauer wieder – mit ebenso spitzen Aufsätzen an den Gartensäulen.

Bauhaus

Zunächst nicht als Bauhaus zu erkennen, jedoch mit wenigen Stil-Elementen aufgewertet. Ein mit zwei markanten Säulen gestütztes Vordach im Eingangsbereich, ein spanisches Ziegelflachdach – und fertig ist der Traum vom eigenen, individuellen Bauhaus …

Ein weißer Rauputz würde zudem die Säulen im Eingangsbereich noch hervorheben.

Der am häufigsten verwendete Baustil

Edel sei das Haus, günstig und gut: Allein durch sein Vordach und den weißen, schlanken Säulen wird das Bauhaus elegant aufgewertet. Die hellen Ziegel in Kombination mit den weißen Säulen unterstreichen den Charme, den das Haus ausstrahlt.

Bauhaus

Nur eine Variante, wie man mit verschiedenen Steintypen Wände kreativ gestalten kann. Viel Spielraum also, um elegant, modern oder auch mit prägnanter Struktur die Fassade individuell zu gestalten.

Der am häufigsten verwendete Baustil

Sehr preiswert und dennoch gelungen, dass angedeutete Ziegeldach mit den extravaganten Säulen und den darunterliegenden, ebenfalls mit Ziegelreihen überdachten Fenstern. Typisch Montevideo: Der Eingangsbereich als Autounterstellplatz mit „darüberliegendem Grillplatz".

Bauhaus

Fenster- und Türverzierung als Mittel zum Aufpeppen! Hier hat man diese Kunst perfektioniert und mit der geschwungenen Eingangstür, dem darüber geschwungenem Dach und den wunderschönen Ziegelelementen das Ganze ins rechte Licht gerückt. Die prägnante Rahmenstruktur rundet das Gesamtbild passend ab!

Der am häufigsten verwendete Baustil

Wer will, kann die Fensterumrandungen noch eine ganze Stufe klassizistischer haben: In Kombination mit den strukturstarken grauen Steinen des Schornsteins, die sich als Stilelement bis zur Bodenumrandung gelungen fortsetzen. Der Eingangsbereich und die Garage „dämmen" das Haus von zwei Seiten ab. Ein schöner Nebeneffekt!

Bauhaus

Doppelhaushälfte mal ganz anders – an der schmalen Seite verbunden. Ob dadurch wirklich mehr Platz gewonnen wurde, bleibt dahingestellt. Optisch individuell ist es auf jeden Fall. Es wirkt fast wie ein Adlerkopf.

Der am häufigsten verwendete Baustil

Effizienter und dennoch schön: Mit spanischem Flachdach und typisch unverputzter Ziegelwand. Die üppige Blütenpracht auf dem Balkon ist ein echter Hingucker.

Mehr Sicherheit für Ihr Haus

Sicherheit war in Deutschland bis vor kurzem ein eher nebensächliches Thema. Man verwendete wenige Gedanken und noch weniger Geld hierfür. Das hat sich geändert und wird wohl auch in Zukunft aktuell bleiben. Montevideo gehört zwar zu den sichersten Städten Südamerikas, aber die Vergangenheit hat auch Uruguay nicht vor Diebstahl und Einbruch bewahrt. Und so können Sie hier auf viele pfiffige und vor allem erprobte Ideen zurückgreifen, die auch nachträglich am bestehenden Haus umgesetzt werden können.

Während man in Deutschland dazu neigt, Sicherheitsmaßnahmen dezent und nicht sichtbar zu platzieren, wird in Montevideo der sichtbare Schutz favorisiert. Man wird schon wissen, warum!

Erprobte Ideen aus Montevideo

Nicht nur schön, sondern auch schön sicher: Die in die Wiese eingelassenen Poller sind ein für Autos unüberwindbares Hindernis. Die Physik macht's möglich – mit garantiert durchschlagendem Erfolg! So einfach, dezent und wirkungsvoll kann Schutz sein.

Mehr Sicherheit für Ihr Haus

Glasklares Design mit Wohnraum auf Stelzen – als Unterstellplatz fürs Auto und Einbruchsschutz in einem. Und ganz sicher dank sechsfachem Elektrozaun …

Bei so großen und „leicht zugänglichen" Fenstern sollten die Glasscheiben durch „Panzerglas-Folien" nachträglich gesichert werden. Auch eine Verspiegelung ist ein wirkungsvoller Schutz.

Erprobte Ideen aus Montevideo

Stilvolle Holzschieber über die gesamte Front. Die durchgehenden Holzelemente sind Sonnenschutz, Sichtschutz und Einbruchschutz in einem! Sehr modern und dennoch warm und freundlich.

Mehr Sicherheit für Ihr Haus

Das Leben beginnt auf der ersten Etage – sicherheitshalber. So wird das zum Wohnen „ungenutzte" Erdgeschoss gern als Wirtschaftraum und Garage verwendet. Nur der Eingangsbereich befindet sich noch auf der Straße. Aber es geht auch anders ...

Erprobte Ideen aus Montevideo

... wie dieses Beispiel zeigt: Oft gelangt man erst über eine Außentreppe in den ersten Stock, in dem sich der Wohnbereich befindet. Hier gibt es zusätzlich noch einen Eingang auf halber Höhe.

Mehr Sicherheit für Ihr Haus

Sicheres Wohnen beginnt auch hier erst in der ersten Etage. Die leichte Hügellandschaft, die sich in Montevideo über das ganze Stadtgebiet zieht, wird geschickt zum Schutz eingesetzt.

Erprobte Ideen aus Montevideo

Ein weiteres Beispiel, wie die hügelige Landschaft für den Einbruchschutz elegant genutzt wird. Den Weitblick gibt es gratis dazu. Montevideo hat einer Legende nach seinen Namen von einem Seemann, der beim Vorbeifahren ausrief: „Monte vi eu" (Ich sah einen Berg), also: Montevideo.

Mehr Sicherheit für Ihr Haus

Neugierige Blicke einfach sympathisch abgelenkt. Durch den dichten Bewuchs ist auch ein Übersteigen des Zaunes faktisch unmöglich.

Erprobte Ideen aus Montevideo

Effektiver Sichtschutz für die erste Etage und störend beim Überklettern des Balkons obendrein – schöner, dichter Pflanzenbewuchs.

Mehr Sicherheit für Ihr Haus

Es genügen oft schon ein oder zwei Sträucher, um Blickfang, Schattenspender und Sichtschutz in einem zu sein.

Erprobte Ideen aus Montevideo

Schutzgitter mal anders: Hier wird es als komplettes und stilgebendes Design-Element eingesetzt. Als Einbrecher muss man hier schon eine sehr hohe Frustrationsfähigkeit besitzen. Zumal diese Gitterelemente nicht wie ein Wohnen hinter Gittern, sondern eher den Charakter von Sonnenschutzlamellen vermitteln. Und diese Funktion wohl ebenso effektiv umsetzen.

Mehr Sicherheit für Ihr Haus

Stolperfalle im Dunkeln, durch einen unharmonischen, versetzten Laufweg und gleichzeitig ein schöner Hingucker bei Tag.

Erprobte Ideen aus Montevideo

Ebenso tückisch: Stolperstufen gegen Einbruch bei Nacht.
Der Näherungsschalter wird so geschaltet, dass die Stufe im Dunkeln bleibt.

Mehr Sicherheit für Ihr Haus

Der blickdichte Zaun und das in schwarz eingetauchte Obergeschoss lässt alle Konturen verschwinden und damit keine Kontrolle zu. Auch das ist wirkungsvoller Einbruchsschutz. Denn Diebe bevorzugen neben einem leichten Zugang stets das Gefühl von Kontrolle über das Gelände. Beides erfüllt sich hier nicht.

Erprobte Ideen aus Montevideo

Eingang getrennt von der Einfahrt. Das Verwirrspiel beginnt, bevor man überhaupt am Haus angekommen ist.

Mehr Sicherheit für Ihr Haus

Blickschutz durch Zaun und Bewuchs. Auffällig die vor dem Zaun platzierte flache Hecke. Die so gekürzte Hecke ist oft kein Zufall. Hier erwartet ungebetene Gäste meist eine Überraschung wie „eingewachsener" Stacheldraht. Man sollte also Abstand halten.

Erprobte Ideen aus Montevideo

Sehr einladend, jedoch nicht für Eindringlinge! Die rund 50 Zentimeter hohen Lanzen über dem Tor sprechen eine deutliche Sprache. Und an dem dichten Bewuchs vor dem ebenso „einladenden" Zaun haben Einbrecher auch keine echte Freude.

Mehr Sicherheit für Ihr Haus

Der Einbruchschutz ist auch hier nicht dezent ausgefallen, sondern gut sichtbar und das gleich doppelt und dreifach mit Gitterfenster und Holzfalttüren. Die scheinbar offene Sicht auf das Haus ist gewollt, da man durch Nachbarn, Videoüberwachung und Näherungsschalter Ganoven bestens sieht. Das wissen auch diese und werden wohl auch hier eher weiterziehen. Die Hecken direkt vor dem Fenster machen den Einstieg ebenso sichtbar unangenehm.

Erprobte Ideen aus Montevideo

Neugierige Blicke haben hier keine Chance und dennoch einen Blick wert. Wie faktisch alle Reihen- und Einfamilienhäuser in Montevideo, so ist auch dieses mit einem Hinweisschild versehen (hier rechts am Eingang), dass das Haus Tag und Nacht von einem Sicherheitsdienst videoüberwacht wird. Für den Profi gut sichtbar sind auch alle anderen Schutzmaßnahmen an Haus und Zaun vorhanden.

Mehr Sicherheit für Ihr Haus

Schön, preiswert und effektiv: Ein zusätzliches Gittertor, bevor man zur Haustür und zur Garage kommt. Wenn man schnell ans Ziel gelangen will, sind zwei Türen eine zu viel. Für Diebe sind solche Häuser zu kompliziert und damit uninteressant.

Erprobte Ideen aus Montevideo

Zaun mit schmerzhafter Trittfläche, der eine eindeutige Sprache spricht. Preiswert, sicher und unmissverständlich, da man es auf einen Versuch nicht ankommen lassen wird. Kurz gesagt: Für Unbefugte gilt „Eintritt auf eigene Gefahr".

Mehr Sicherheit für Ihr Haus

Eine weitere Sicherheitsvariante zur Ergänzung: Jalousie hinter dem Gitter. Hier im Erdgeschoss.

Erprobte Ideen aus Montevideo

Oder Jalousien vor dem Gitter, wer es dezenter mag.

Mehr Sicherheit für Ihr Haus

Doppelhaushälften machen einen Einbruch nicht einfacher, da man mit einer intakten Infrastruktur und wachsamen Nachbarn rechnen muss. Da Langfinger nicht gern beobachtet werden, ist das Objekt damit wohl eher unattraktiv.

Erprobte Ideen aus Montevideo

Inzwischen werden Doppelhaushälften oft auch nur angedeutet, um Einbrechern das Gefühl zu geben, dass hier zwei Familien wohnen. Zwei Autos pro Familie sind auch in Montevideo keine Seltenheit und machen die Anmutung perfekt. Der Durchgang über dem Eingang könnte jedoch ein Hinweis darauf sein, dass vielleicht doch nur eine Familie hier wohnt.

Impressum

Bedanken möchte ich mich an dieser Stelle für die Unterstützung, Informationen und Fotogenehmigungen bei Katharina, Steffen und Dr. Ing. Gerhard Hinzmann, sowie beim Honorarkonsul von Uruguay Dr. Peter Scheiber!

Bibliografische Information der Deutschen Nationalbibliothek:
Die Deutsche Nationalbibliothek verzeichnet diese Publikation in der Deutschen Nationalbibliografie; detaillierte bibliografische Daten sind im Internet über http://dnb.dnb.de abrufbar.

Herstellung und Verlag: BoD – Book on Demand, Norderstädt

ISBN: 978-3-7431-7840-3

Auch als eBook erhältlich.